물기

시에시선 **102**

물기

유영옥 시집

詩와에세이

시인의 말

잠시 스치고 떠날 이 별에서
줄곧 메마른 사막을 걷다가
물기 머금은 풀이며 나무인
너를 만나
비로소 생기 얻는 나는
이제
부끄러운 입술을 열어
어설프게나마
너를 노래하게 되었다

부디 이 노래가
누군가 한 사람에게라도
작은 위로와
촉촉한 물기를 전해 줄 수 있기를

2026년 초입
유영옥

차례__

제2부

제3부

제4부

제1부

스치다

달리는 차 안에서 밖을 보면
산과 산의 부드러운 능선이
끝없이 이어져 흐르는가 싶을 때
나지막한 산이 품은 호수를 만나게 되지
하지만 만났는가 싶을 땐 이미
호수는 시야에서 사라져버리곤 해

스친 것들에선 향기가 나
산국화 흔들고 온 바람 같은
사과 따다 돌아온 촌부 같은

문득 어디론가 떠나고 싶어지는 건
스치는 풍경이 좋아서일 거야

비행기 안에서

구름바다 수평선에 걸쳐진 날개 일몰을 향해 날아오르네
노을 저편 그리운 사람들 반갑게 손짓하지만
가도 가도 불분명한 저 경계엔 다다를 수 없네
두고 온 일상이 붙어 따라와 무게를 더하는 까닭이네

기체가 기우뚱거릴 때마다 출렁이는 노을바다
걸어왔던 무수한 길이여 잠시 안녕
돌멩이에 차이고 가시밭에 상처 입던
높은 데만 바라보고 헉헉대며 끝없이 계단을 오르던
높은 데서 내려오는 법을 몰라 허공으로 뛰어내리던
가련한 발 대견한 발 때론 우매했던 발아 잠시 쉬렴

어쩌면 우리 태어날 때 천둥새보다 더 큰 날개
아무도 모르는 곳에 감추고 나왔는지도 몰라
걷고 걷다 지치면 달리고 달리다 하늘을 향해 부웅—
솟아오르잖아 날아오르잖아 발로는 갈 수 없는 곳
어디라도 갈 수 있지 혼자서 갈 수 없는 곳이면

함께 모여 같은 날개에 굴비 엮듯 줄줄이 몸을 묶고
상상할 수 없는 무거움으로도 새털처럼 가벼이 날아오르잖아

까마득히 내려다보이는 저곳에 이제 정다운 별이 솟네
걷고 달리는 사람들 바쁘다는 아우성이 반짝이고
걷고 달리다 돌아와 저녁을 먹는 사람들 위로
붉게 타는 노을 저편 경계를 건널 듯
일상을 털어내고
이제 날아가려네 깃털처럼 가벼이

그 여름의 란타나

낙조가 곱게 내리던
어느 여름 여행지에서의 저물녘
항구엔 커다란 범선 한 척이 떠있었지

데지마 워프 이층 카페의 베란다에서
젊은이들은 모던 재즈를 연주하고 있었어

흥에 겨운 너는
고개를 까딱이며 리듬을 탔고
덩달아 신이 나서
손으로 한들한들 박자를 맞추면서
뒤따르던 내가
항만 근처에 다다랐을 무렵이었을 거야

산뜻하게
또렷하게
혹은 처연하게
나비 부인 환생인 듯

란타나는
이방인 낭군님 맞이하듯
오도카니 서있었지

기억나지?
그 여름의 란타나

윤슬

당신과 이별하던 강가에
실버들 개운하게 삼단 같은 머릿결 헹구는 강가에
이따금 물고기 떼 운명처럼 물결을 거스르는 강가에
여명에서 한낮으로, 저물녘으로 옮겨가는 강가에
하릴없이 이곳에서 또 밤을 맞이합니다

당신과 살 비비던 시절 활활 불태워 버리고
단단한 기억의 뼛가루 콩콩 빻아 먼지로 흩날려 보내던 강물에
달빛이 듭니다 보름달로 떠오른 닿을 수 없는 먼 곳의 당신은
여전히 환하고 아름답습니다 물 위에 뿌렸던 기억들이 되살아나
반짝입니다 어둠 속에서 눈부신 빛을 내며 내 안으로 들어옵니다

당신 빛으로 출렁이는 강물은 이제 슬픔이 아닙니다
물고기에 먹힌 당신 생각으로 더는 울지 않을 겁니다

그리운 강가에 서면 보름달로 떠오른 당신이

강물에 이토록 아름다운 선경을 그려 나를 위로하기 때문입니다

그날 이후

네가 떠난 후 겨울이 오면 나는 네 옷을 태워주고는 했어 그런 밤이면 깜찍한 청치마와 후드 티 위에 포근한 파카를 입고 어그 부츠를 신은 네가 눈밭을 뛰어다녔지 라라라 노래 부르는 발갛게 상기된 얼굴의 너는 나의 손을 이끌어 춤을 추었지 사뿐사뿐 스텝을 밟았지 이번에도 어김없이 너의 따스한 겨울을 준비하려 옷장 서랍을 열었을 때 하나 남은 너의 겨울옷 창백한 얼굴에 그중 잘 어울리던 진달랫빛 털 스웨터를 품에 안고 망설이다 나는 그 스웨터를 풀기 시작했어, 라면발같이 꼬불꼬불한 실이 봉분이 되어 소복이 쌓이자 경화된 너의 관절 같은 이 실을 나긋나긋 펴주고만 싶어 물 주전자를 불 위에 올려놓았지 보글보글 경쾌한 소리를 내며 물이 끓고 뜨거운 김을 만나 매끈하게 실이 펴질 때마다 굴곡진 우리 내력도 펴질 것만 같아 곱게 펴진 실로 다시 진달랫빛 고운 스웨터를 짜야겠어 해마다 겨울이 오면 이제 나의 스웨터가 될 너의 스웨터를 입어 내 체온으로 네게 온기를 주면 너는 다시 환한 봄꽃으로 피어나지 않을까?

세월

고향집 토담 밑에서
꽈르륵꽈르륵
야린 볼이 볼록볼록
불던 꽈리
찰랑찰랑한 단발머리
꺼먹 고무신의 세 자매

빨간 벽돌 담장 밑
꽈르륵꽈르륵
곱슬곱슬 파마머리
반짝이는 구두
그 자리에 세 자매
다시 모여
똑같은 자세로 꽈리 불지만
볼때기엔 이제 표도 안 난다

그륵

그륵이란 낱말을 들으면
체하여 목이 멘다
그륵, 그륵…
수없이 입속으로 되뇌어 보는
어머니 손맛 소복하게 담겼던 그릇
고향 사투리였지 그릇을 그륵이라고

늦은 저녁상 물린 밤
앞 논 개구리 울음 유난할 때면
남폿불 밝혀놓고
마당가 펌프 물 퍼 올려
언니와 그릇을 닦았었지
야문 손끝으로 뽀도독뽀도독
반짝거리는 그릇마다
어머니 정 담길 날 기다렸었지

큰 수술 받고서
한 달 만에 퇴원하신 어머니

먼저 부엌에 드시더니
가마솥에 밥부터 안치시며
육신 아픔보다 더 못 견딜 것이
식구들 따신 밥해 먹이고 싶은
욕심 떨쳐내는 일이라셨지

도회에서 시집와 서툰 농사일에
나를 담은 만삭의 몸으로도
보리방아 찧으셨을 어머니

그릇을 닦으면
내 그릇이셨던 젊은 어머니가
그 속에 환히 웃고 계신다

묵정밭 사연

주인 할아버지 돌아가신 후로
몇 해째 비워 둔 산 밑의 묵정밭에
서울서 왔다는 그 손자라는 이가
복덕방 노인을 대동하고 가끔 다녀간다는데
워낙 후미진 곳이라
밭이 팔리지 않아 걱정이라는데
할아버지가 애지중지 살뜰히도 가꾸던 밭이라
그 밭머리의 산에 묘를 써달라 유언하시고
무덤에 갇혀서도 항시 내려다보며 지키셔서
밭이 팔리지 않는 것이라는 말이 돌기도 한다는데

주인 할아버지 돌아가신 이듬해부터
밭가에서 살그미 별꽃이 숨어들어 피더니
냉이 씀바귀 꽃 앞다투어 피더니
망초 엉겅퀴 꽃 환하게 피어나더니
쑥부쟁이도 집단으로 이주해 와 무리 지어
곱게, 곱게도 피어나더니
칡덩굴 인동덩굴 뒤엉켜 자라더니

싸리나무 떡갈나무 싹 틔워 쑥쑥 자라나더니
그 밭, 아예 주인 할아버지 누워계신 산이 되려나 보다
결국 그 산의 산자락이 되려나 보다

막차 대기실

전망 좋은 창가의 대기자분
신록 우거진 건너편 야산 풍경에 아랑곳하지 않고
무언가에 많이 서운하고 갑갑하신 듯
팔다리 마구 휘저으시다 침대에서 떨어진 적이 있어
손목 발목을 압박 붕대로 살짝 묶어두라는 처방이 내린 후로
눈 부릅뜨고 천장만 쏘아보고 누워계시다
침대 옆 사물함에 매달린 종이 카네이션
뽀얀 먼지 뒤집어쓴 모양이 머쓱하고 무색하다

그 옆 침대의 대기자분
배우자도 자식도 잘 알아보지 못하지만
욕창 심하여 베개 고이고 모로 누워서도
어서 불러주소서, 아버지 저를 불쌍히 여기소서
연신 성호 그으며 기도문 옹알이로 하루 다 보내신다

출입문 쪽 침대의 대기자분
머리칼을 빡빡 밀어버려 할아버지로 보이지만

당신 양말이 뚫어졌네요 기워드릴게 이리 주세요
앉을 힘도 없어 반듯이 누운 채로
양손 허공에 올려 쉼 없이 바늘귀 꿰는 시늉을 하신다

위험 상황에 대처할 의료진 항상 대기 중
혹여 바깥바람 쐬고 싶은 환자가 계시면
번쩍 안아 휠체어에 앉혀줄 건장한 남자 간병인 항상 대기 중
대소변 수발하는 상냥한 여자 간병인도 상시 붙어있다는
쩐 없으면 꿈도 못 꿀 호사라는
쩐 많아서 편리한 보호자가 가끔 다녀가는 날이면
유난히 쩐내 진동하는
위생 상태 최고인 어느 노인 병원
다시는 두 발로 땅을 밟지 못할 고령의 대기자분들이
서녘의 경계 너머로 달려갈 막차를 기다리고 계시다

배롱꽃 지는 강가에

서녘의 경계 그 어디쯤에서 비롯하여
이리도 아스라한 것인지
구슬픈 풀벌레 울음소리 잦아질 듯 이어지고

저물녘 강가에
꽃분홍 그대 흔적 흩뿌려지던 강가에
거짓말처럼 배롱꽃이 곱습니다

곱디고운 배롱꽃이 집니다
한창인 줄만 알았더니
이제 막 피어난 듯싶던 꽃잎들이
연신 물 위로 뛰어내려
물살에 휩쓸려 사라집니다

레이스 장식이 조촐한
짙은 핑크색 원피스가 잘 어울렸던 그대
물살에 휩쓸려 흐르고 흐르다가
어머니의 바다에는 잘 도착하셨는지요?

샛노란 꽃술 한 줌
나의 심장에 남겨두고 가신 뜻을
곰곰이 되새기며
배롱꽃 지는 강가에
저승인 듯 캄캄해진 강가에
꼼짝 못 하고 하릴없이 이렇게 서있습니다

카랑코에 봄날

인기척 없어
적막하던 그녀의 작은 창가
어느 날엔가
화분 하나 놓이더니

창문 자주 열리고
햇볕 쬐며 오래 서서 그녀는
화분의 카랑코에 꽃을 구경하네

겹카랑코에라고도 하고
칼란디바 퀸로즈라고도 하는
장미꽃같이 어여쁜 그 꽃을

조그만 꽃송이들이 올망졸망 탐스러운 그 꽃을
삶의 의미인 양 진지하게
마다가스카르 전설이라도 듣는 양 신비롭게
오래 바라보는

안팎으로 노상 겨울이던 그녀가
배시시 웃네
아직 카랑카랑한 날씨여도
연신 피워내는 설렘이네
카랑카랑 카랑코에 봄날이네

영춘화

꽃샘바람 매서운 뜰
매화도 주춤주춤 엄두 못 내는데
맨 먼저 달려 나와
봄의 전령 맞이한 그대는

낭창낭창 휘어질 듯 가녀린 허리
윤곽 뚜렷한 얼굴 가득
환한 웃음이 어여쁘네요

고운 살결
하르르 매운바람에 쓸리어도
참 의연하네요

찬바람에 흩어져서
맡을 수 없는 그 진한 꽃 내음이
아득하여서

서녘 경계 너머로

까마득히 사라진 후

내 저린 가슴안에 자리 옮겨 와
또렷이 피어난 것만 같아요
영춘화 그대는

도돌이표가 있는 풍경

숙이가 가래떡을 뽑아
머리에 이고 왔다

어려서 부모 여의고
타지에 나가 남의집살이를 했던
명절 임박하면 친척 집이라고 다녀가던
숙이 앞에
빳빳하게 풀 먹여 다린
교복 깃이 안쓰러워
부리나케 윗방으로 숨어들어
옷을 갈아입고는 했었지
떡가래로 서리서리 펼쳐보는
우리 지난 사연들

살기도 바쁜데 왜 이런 걸 해왔냐고
미안한 마음에
타박 아닌 타박을 놓았더니
친정 나들이하고 싶어도

갈 데가 없어서 왔노라
정이 그리워 왔노라며
배시시 웃는 눈가에 살포시 물기 돋우면서

'언니 먹어봐
동네 방앗간에서 할머니가
우리 목에 걸어줬던
바로 그 떡가래 맛이야'

떡을 한 움큼 떼어 내미는
정이 그렁그렁
불혹에도 소녀 같은 어여쁜 그녀 숙이

그때 그 벗

사느라 바쁘고 고단하여
손을 놓친 후
가슴 한편에 자리하여
늘 그리움이 커가던
그때 그 벗

반백 년만의 해후에도
전혀 낯설지가 않았네
두 손 꽉 잡고서
꿈을 꾸는 듯 우리는
그 시절 소녀들로 되돌아가
품었던 희망
같이 부르던 노래에
맑은 웃음
풋풋한 향내가 진동하였지

여느 친구와는
비교할 수 없을 만큼 귀한

단발머리 소녀 시절
그때의 그 벗

수선화

봄볕
스산한 몸에
실크 스카프로 감겨오다

꽃바람
눅진 마음결에 스미다
혹은 살랑살랑 스치다

뜰
서성이다 보고 말았다

해이한 하늘가 떠돌던
나르시스의 혼이
황금빛 날개 살포시 내려놓는 모습을

그리운 그 모습
오래도록 은밀히 지켜보았다

가을에 안겨

햇살, 더 깊고 그윽이 마루에 스미네
마른바람은 이따금 리넨 커튼을 흔들며
예고되었던 이별이 막바지로 치닫고 있다 속삭이네

하여, 이제 더는 시간이 없을 것이라
마당의 열매 한층 달콤해지려 안간힘을 다하고
잎은 더 곱게 단풍 들려 애를 쓰네

이별의 전령은
흰 눈발처럼 내 머리 위에도 살포시 내려앉네
가을이네

열매를 익혀야 할 시간이네
잎을 물들여야 할 시간이네
가을에 안겨

계란꽃

후미진 등산롯가에
초라한 봉분 하나
허물어져 붉은 흙이 드러나
지나칠 때면 마음 편치 않더니
자손마저 찾지 않는 무덤을
보듬어 안은 고운 손길 있었다

이승에서 배곯았던 망자에게
계란프라이라도 실컷 먹이고 싶어
계란꽃으로 피어난 걸까?
스러진 무덤 잔디 대신 부여안고
자글자글 지져댄다 계란프라이

제2부

게발선인장

제 안에 물을 가득 품고도 물이 그리워
그리움 위로 또 한 켜의 그리움을 키워간다
물 언저리에 닿을 수 있다면
괴발개발이면 어떻고 게발게발이면 어떤가

당신으로 가득하여
마디마디 동여매고 단속하였지만
그리움은 병이 되고 화를 부르더니
그예 끝끝이 활활 타들어 간다

제 안이 물로 가득 찼음에도
먼바다를 그리워한 탓에
가시 같은 더듬이가 몸을 덮는다

물기

잡힐 듯 가까워 보이지만
다가서면 까마득히 멀어지는 섬
태초의 신을 신고 걸어 들어간 그곳
나미브 사막 저 멀리 신기루가 섬을 띄운다

바람에 불려 저만치 달아나는
붉은빛 모래 바다에 새겨지는 물결무늬
문장들을 미처 한 줄 읽기도 전에
광풍은 또 다른 언어를 새겼다가 지워버린다
푸른 별 사각지대 건조의 대명사인 이곳에도
물의 미세한 입자를 끌어당겨
어렵사리 생명을 이어가는 잡풀이 있고
기약 없는 황무지에도 푸름을 지탱하는 나무가 있다
우기를 기회로 사막은
일시에 초원이 되기도 하는 것이다

주인에게 버려진 병든 낙타처럼
붉은 모래 바다를 방황하던 시절

광풍이 세우고 간 언덕 끝에 네가 보였고
그 동공에 어린 미세한 물의 입자 하나가
나의 가슴 깊숙한 곳으로 확 빨려들어 와
확실한 에너지가 되었던 것이니
그 작은 물기로 하여
나는 환하게 꽃필 수 있었던 것이니

그대는 팔방미인

세상의 단맛 쓴맛 다 맛보았다는
그대는 참 엽렵하기도 하지
어디서든 간을 잘 보아
어디에든 간을 잘 맞추지
그러므로 그대는 분위기 메이커

세상일에 달콤새콤 짭조름
심도 있게 음미하며
인생살이 맛깔나게 살아가는
그러므로 그대는 탐미주의자

병든 세상 고름 든 데 빨아주고
아픈 데는 핥아주고
그대가 한 번 휘둘러 살펴주면
메마른 세상도 이내 촉촉이 물기 돌아
그러므로 혀, 그대는 박애주의자

집밥

대처에 직장 붙들어
객짓밥 먹는 아들이
가끔 다녀가겠다는 전화를 할 때면

뭐 먹고 싶니? 말해봐, 다 해놓을게
어미는 애달아 재촉이다

집밥, 그냥 집밥이 먹고 싶어요

메뉴가 뭐든 간에 오로지
집밥이면 된다는 아들의 말에
어미는 또
콱!
목이 메는 것이다

저 불빛들

열기로 가득한 이국의 밤
하늘정원이라는 곳에 올라 내려다보는 무수한 불빛에
담긴 의미가 궁금하다

이리로 오는 전철에서 만났던
곁웃음이 상냥한 그녀는 저 어디쯤
어떤 빛깔의 불을 밝혀놓고
무슨 생각에 잠겨있는 것인지
내가 밝힌 빛이란 없는 지금
언어와 풍습이 다른 이들이 밝혀놓은 저 불빛들
소곤거림이 정겹다

한때 흐릿한 호롱불 아래서
내가 태어나 첫울음을 터트리고
어머니는 삼칠일도 되기 전에 들밥 지어 나르고
아버지는 뙤약볕 농사일에 허리가 휘셨다는데

늦은 밤 퇴근하여 좁은 원룸에 든 아들이

어둠을 훑으며 손가락으로 형광등 스위치를 더듬거릴 생각에
쉽게 잠들지 못하는 나는 미약한 촛불 하나 밝히고
오래 두 손 모으면서 머리를 조아리기도 했었던

저마다의 의미로 빛나는 저 불빛
하늘의 별빛 무색해지고 보름달마저 빛을 잃게 하는
노고의 손들이 밝힌
기도하는 마음들이 밝힌 불빛
저 불빛들

집중호우

뜰이 점점 메말라
비 냄새가 몹시 그리울 즈음
느닷없이 그가 오다

상승 기류를 타고 일직선으로
하늘 향해 탑을 쌓아 큰 산을 이루더니
거대한 저수지를 만들더니
적란운 산 허물듯
하늘 저수지 다 쏟아낼 듯
내리내리 퍼붓는 그의 몸짓

예보도 관측도 뛰어넘어
산과 길을 허물고
산비탈 밭뙈기, 천수답도
말끔히 해갈시킬 위력으로
순식간에 내 중심의 나무마저
뿌리째 뽑아버리다

건조주의보로 타들던
내 안을 온전히 적시더니
이슥고
출렁이게 하다

기쁘고도 기쁜 날

신록이 꽃보다 아름다운 계절
싱그러운 두 그루의 나무
서로 교감하고 신뢰감을 키우며
오래 지켜보던 끝에 결심합니다
이제 하나의 나무가 되겠노라고

고귀한 사랑으로
오늘 비로소 둘은 하나가 됩니다

신랑 나무와 신부 나무는
평범한 두 그루의 나무에서
이제 눈부시게 빛나는 사랑의 연리지가 되어
평생을 함께하게 됩니다

마냥 좋은 날이 이어지다가도
가끔은 가뭄의 시절도 오고
때로 폭풍우와 혹한도 만나게 되겠지요
하지만 단단한 사랑으로 하나가 된 연리지는

거뜬히 이겨내고 더더욱 푸르를 겁니다
아름답게 꽃 피고 알찬 열매를 맺을 겁니다

더운 이들에게 그늘이 되어주고
추운 이들에게 바람막이가 되어주기도 하면서
세상과 더불어 따스하고 아름다운 부부로 살아갈 겁니다

축복합니다
축복합니다
모든 이 함께 모여
온 마음으로 기쁨으로 축복합니다

손칼국수

날이 추워지기 시작하면
마음도 추워지는 것인지
남편의 손칼국수 병이 또 도졌다
점심으로 칼국수를 만들어주마 해놓고는
오후 두 시가 넘도록 벌써 몇 시간째
밀가루 반죽만 주물럭거리고 있으니
오늘 안으로 맛볼 수 있게나 되려는지
행여 맛보게 되더라도
그 맛이 뻔하여 기대하지 않으니
기다리는 지루함이나 덜어볼 양으로
국물은 내가 담당하기로 한다

멸치와 다시마로 육수를 내고
애호박이랑 파를 썰어두고
내내 기다린 끝에
겨우 이른 저녁으로나마
뜨거운 국물 후후 불며
올챙이국수 닮은 면발을 겨우겨우

수저로 떠먹고 있으려니
매운 양념 탓인지 눈가가 촉촉해진
남편 왈,
우리 엄니가 만든 면발은 대청마루에서
안마당 건너 대문간까지 늘이고도 남았는디
우리 엄니 칼국수는
증말 증말 쫄깃허니 참으루 맛이 좋았는디

칼국수쯤이야 나도 무척 잘 만들건마는,
남편이 만든 칼국수는
올챙이국수처럼 면발도 짤막하고
팅팅 불어 맛이 없지마는 역시 칼국수는
앞으로도 쭉 남편에게 맡겨야 하겠다
범접할 수 없는 영역이고
남편에 대한 예의일 것이므로

부부

실내에 들어온 벌레를 보면
파리채 먼저 집어 들던 남편이
보드라운 휴지 한 장을 집어든다

나나니벌을 휴지에 싸서
바깥에 나가 놓아주는 모습이
턱시도 입었을 적보다
더 멋져 보인다

겉모양보다 속모양이
예뻐보이기 시작한다는 것은
묵직하게 나이 든다는 것이다
인생에 맛이 든다는 것이다

서로에게 젖어든다는 것은
아름답게 물든다는 것이다
서산마루 하늘을
곱게 물들이는 노을빛처럼

깃들다

저물녘
섭씨 36도 오르내리는 무더위 피해
야트막한 동산에 든다

나무와 잡초 무성한 사잇길
조붓한 흙길 걷노라니
인기척에 놀란 어미 고양이
제법 자란 새끼들을 재촉해
서둘러 조릿대 군락에 숨어들고
산비둘기 까치 직박구리들
낮게 날아 숲의 어스름에 스미고

숲에 깃들어 사는 생명이
어디 이뿐이랴

몸 식히고 혼 씻으며
나 또한 잠시
어두워지는 숲속에 그윽이 깃들다

두렁콩 심던 날

커다란 지겟작대기로
아버지는 논두렁에 구멍을 내고
어머니가 콩을 서너 알씩 넣으면
깜장콩 숭숭 박힌 흰 쌀밥 먹을 생각에
어린 나는 공들여
결 고운 재를 한 줌 살포시 덮어두었지

가래질 끝낸 미끈한 논두렁은
콩 씨를 배 넉넉해진 논두렁은
산달을 받아놓은 여인처럼 한껏
부풀어 오르다가
봄 마실 나온 무자치 뱀처럼
무논 사이를 헤엄쳤지
부드러운 곡선으로 꿈틀거렸지

은린 반짝이는 비행기가
파란 하늘에 하얀 선 그어놓으면
주렁주렁 열린 콩들

하늘 위로 동동
흰 선 위에 깜장콩 콩콩
예쁜 음표가 될 것 같아
잠자리에 누워서도 꿈결에서도
두렁콩
콩
콩
노래 불렀지

설날

집이 없는 이도 가족이 없는 이도
공평하게 나이를 먹는 것처럼
누구나 떡국 한 그릇씩은 먹을 수 있는
넉넉함이면 좋겠다

바쁜 일에 쫓기던 도회인 누구에게나
설날을 준비해 놓고 기다려주는
고향이 있었으면 좋겠고
그곳에 세배드릴 부모가 계시고
마음껏 정을 나눌 친구와
친척들이 있으면 좋겠다

설날 하루만이라도
배고픈 이 없고
아픈 이 없고
슬픈 이 없이
모두 다
행복한 웃음 지을 수 있으면

참 좋겠다

상사화

그대 지펴온 날들이
땅으로 가지 내려 푸름을 감춘 후
두어 칸 계절을 건널 때는
오실 리 없다고 체념도 했었지요

다시 오겠다던 그날의 약속
까맣게 잊은 줄만 알았지요

장맛비 그치던 날
매미 소리 따라갔더니
꽃 잔치 끝낸 문틈으로
함초롬한 그대가 계시네요

정말이지
풀벌레 울기 전에는 오시겠다고
미리 귀띔이라도 하시지

안으로 커가는 그리움에

가슴 매만지며
발걸음 재촉하셨음을
이제 알 것만 같아요
연분홍빛 그 마음을

봄꽃처럼

혹한을 다 이겨내고도
언제 겨울이 있었느냐는 듯
내색하지 않는

산이든 들이든
냇가든 호숫가든
개의치 않고
양지든 음지든 어느 곳에서나
환한 웃음으로 말을 건네는

서로 다투지 않으면서
서로 뽐내지 않으면서
제자리를 지켜내는
가만가만 피어나는

제각각
색깔과 모양이 다르지만
서로 잘 어우러져

아름다운 풍경이 되는
봄꽃처럼

그리되면 좋겠다
우리 모두 봄꽃처럼

꽃물

어려서 첫눈에 든 여자
십 년을 공들이고
순정 반 억지 반 아내 삼아
이십 년을 살고도 못 미더워
봉숭아꽃 끝물 되면
붙들어 앉혀놓고
꽃물 들이자는 남자

첫눈 올 때까지 남으라고
볼 때마다 주문 외고
손톱 자주 깎지 말라고
잔소리, 잔소리

평생 지우지 못할 꽃물
가슴팍에 물들이고 사는
그 남자

장 뜨는 날

정월 장이 맛있다
말날에 담아야 더 맛있다
절에 다니는 옆집 할머니께
어렵게 절 달력을 구하여
십이지 중 말 그림 날짜에
빨간 동그라미 그려두었다

시골 아낙 같은 항아리엔
곰삭은 메주 황매화로 피어나고
홍고추 대추 깨알 숯들이
퉁퉁 불은 몸으로 널브러져
석 달 되는 날
곰삭은 날 장 뜨는 날

어머니 흰 옥양목 앞치마
갈라진 발뒤꿈치
달곰한 몸 냄새
그리움 뜨는 날

향기를 먹다

산사에 떠돌던 바람이
꽃잎을 안아 돌며
속삭여 준 언어들
진한 향기로 깔리는 저녁이면
풍경 소리 그윽한 떨림에도
아람 든 밤톨들이
어두워지는 마당가에
툭툭 떨어져 내렸었지

풀숲의 벌레 울음소리마저
필름처럼 담아 온 구절초꽃
바싹 마른 몰골로 종이봉투 안에 누워
지난가을을 움켜쥐고 수행 중이다
찻잔에 띄우니 활짝 피어난다
입안에 머금어
꽃 향의 바코드를 읽다가
························
감전되다

제3부

모과꽃에서

새잎 무성한 모과나무 그늘
그 싱그런 푸름에 묻혀
고운 분홍빛이 어른어른
핀 듯 만 듯 담담히 모과꽃 핀다

여느 봄꽃처럼 서두르지 않고
잎이 돋은 후에야 살며시 피어
잎과 함께 어우러지는 배려 깊은 꽃

혼자 도드라져 자태를 뽐내지 않는
은은하고 겸손한 꽃
있는 듯 없는 듯 표 나지 않게
자신의 소명을 다하는 꽃

가던 발걸음 멈추고
오래 올려다보며 배운다
모과꽃에서

어떤 미학에 관한 보고서

이른 아침 산책을 나섰다가
조붓한 상수리나무 숲길에서
비질하시는 할아버지를 만났다
수북한 낙엽에
산객이 자칫 미끄러져 넘어질까
아무도 모르게 동네 뒷산 굽잇길
청소하는 분이 계시구나

병원에서 돌아오는 길
모과나무라곤 없는 대로변에 버려져
금이 가고 얼 들은 모과 한 알
주워 와 한자리 내어주니
향긋한 내음이 실내에 가득하다
깨어져 아픈 생채기에서도
저리 좋은 향기가 뿜어 나오다니

무심히 지나쳤던 곳
맑은 눈길로 다시 살펴보면

겸손하게 한자리 지키며
그윽한 향기 뿜어내는
보이지 않는 아름다움 있음을
이제 알겠다

홍시

몇 해 전부터 병이 든 담장 옆 늙은 감나무
지난여름 장마와 태풍에 뒷바라지가 힘에 부쳤는지
별같이 반짝이던 자식들 무녀리로 다 떨어뜨리고
달랑 까치밥 하나만 남아 발갛게 익어간다

까치에게 미안한 일이지만
올해는 까치밥을 남길 수 없겠다
대봉시를 유난히 맛있게 드시는 어머니 생각에 조바심이 나서
자고 나면 마당으로 달려 나가
하나 남은 감 안부를 묻고 나서야 아침밥을 짓는다

할머니 살아계실 적에 어머니는
사십 리 길 걸어 장에 가셔서 홍시 몇 알을 사다가
조그만 말뚝단지에 두었다가 잔기침이 잦아 잠 못 이루시는
겨울밤을 편안하게 모셔드렸었다
구순을 넘기시고도 홍시같이 발그레한 볼을 가지셨던

할머니
　며느리가 챙겨드리는 감 맛에 황천길 떠나기를 망설이셨다

　젊을 적엔 우린 감만 드시던 어머니도
　언제부터인가 홍시를 찾으신다
　시집살이의 떫은맛 다 우려내시고

　이제 달콤하고 말캉해지셨다

미틈달

들길을 걷는다
야문 곡식 풍성풍성 지천이던 시절 지나
텅 비어버린 들판
잡풀마저 스러져 황토가 드러난 밭가
늙은 감나무엔 까치밥이 두어 개

냇가에 서 본다
새끼 낳아 기른 살진 물가 버리고
어디로 가는 걸까
끝 간 데 없이 아득한
하늘 저편을 향해 나는 새

산길에 접어들면
고운 단풍의 시절을 건너
벌레에게 먹히다 만
바싹 마른 이파리 하나마저
지나는 바람에 주어버리고
수도승처럼 청빈한 저 나무들

마른 나뭇가지를 흔들던 소슬바람이
비워라 비워라 속삭인다
버려라 버려라 속삭인다

추석

누렁소 등짝 같은 들판에선
아버지 낫으로 올게 벼 베는 소리
어머니 홀태 날에 벼 훑는 소리
논둑에선 뙤약볕에 야문
두렁콩 콩깍지가 톡
밭둑 호박은 둥실둥실 살 오르고
밤하늘 보름달도 두리둥실 떠오르면
환한 달빛 아래 우리 모두 손을 잡고
빙글빙글 돌았었지 덩실덩실 춤추었지
강강술래에 밤 깊은 줄을 몰랐었지
추석은 추썩추썩 어깨춤 추며 찾아와
우리 마음 안에
보름달 하나씩을 두둥실 안겨주네
동실동실 송편 빚어 사이좋게 나눠 먹고
네 것 내 것 구분 없이
두리둥실 어우러져 살아보라네
모난 데 없는 둥그런 보름달같이
어둠을 비춰주는 환한 보름달같이

가을의 과일처럼

거저 익는 것이 있을까
익기 위하여 모든 것들은
고통을 참아내며 오랜 시간 묵묵히
장대비에 시달리고
불볕에 몸 맡기고

산기슭 외딴집 담장 안
벌레 먹은 사과 몇 알
투명한 가을 햇살
부드러운 바람에
발갛게 익어간다

저 사과처럼 익고 싶다
지나간 시간으로 만들어낸
인내의 시간으로 만들어낸
저 고운 빛깔
진한 향기
달콤한 맛

천태산 은행나무의 한 말씀

백 년도 못 살면서
힘들어 못 살겠다
아파 못 살겠다
재미없어 못 살겠다는 사람들은
다녀가시게

나 여기 천 년을
한자리에 끄떡없이 서있었다네
온갖 풍상 이겨내며
새잎 피워 풋풋한 그늘 드리우고
열매 맺어 나누는 기쁨 누리며 살아왔다네

누구든 세상일에 지치거들랑
와서 나의 너른 품에 한 번 안겨보시게

텃밭에서

부추밭에는 방동사니가
시금치밭에는 명아주가
부추인 척 시금치인 척 숨어 산다

냇가 둔덕이나 산기슭 양지에서
고요한 풍경이 되고 싶은

때로 고향 그리다 눈물짓지만
무른 듯 야물게 제자리를 지켜내는

환하게 꽃 피울 날 기다리며
숨죽이고

봄볕 야금거리는 것들
눈이 부시다

바람의 말

바람은
우리가 가늠하지 못하는 시간 속을 더듬어
모래 속에서 7억 년을 잠자던
집채만 한 화강암을 깨워
사천 년 된 부시맨의 암각화를 숨 쉬게 하고
그곳에서 멀지 않은 곳 어디쯤엔가
풍랑으로 부서진 배가
바닷물에 부식될까 염려하여
바람은 또 모래를 몰아다가
배가 침몰한 바다마저 육지로 만들었다는데
그런 바람이 내 안에 스미네
뼛속 휘저어 구멍 숭숭 뚫린 겨울밤
고드름 되어 반짝이던 눈물을
쓱—문지르며 바람이
눈발 같은 머리칼 사이를 헤집고
어두운 귓바퀴를 돌아 어눌한 혀를 만지며
갸르릉—고양이 닮은 목구멍을 지나
아직은 팔딱거리는 심장에 대고

이 별에는
우리가 가늠하지 못하는 시간이 흐른다고
세월을 거슬러 올라온 바람이
무덤덤하게 내 몸을 스치며 속삭이네
우리는 한갓 모래알에 지나지 않는지도 모를 일이라고

그 품 안에

큰 산은 작은 산들을 품고
작은 산들은 스크럼을 짜서
강과 호수와 너른 들을 품고

큰 산은 또, 먹장구름을 잡아
바위 벼랑으로 흘려보내고
그 물이 산의 가랑이를 지나
호수와 강물을 일렁이게 하고
은린 반짝이는 물고기와
너른 들을 살찌우고

그 품에 우리 할아버지와 아버지
할머니 어머니가
우리를 품어 기르시며
고요히 아름답게 흘러오셨듯
세월의 강물에 고요히 몸 담그고

나 또한

흘러갈 것이네
내 아이를 품어 안고
조금 슬프지만
믿음직하고 따스한 그 품 안에

군불 지피기

날이 꽤 추워요 운천동 소아청소년병원 앞에 어제는 없던 붕어빵 아줌마가 나타났어요 환자복을 입고 손등에 링거 주삿바늘을 꽂은 아이들이 줄을 서서 침을 꼴깍꼴깍 삼켜요 아줌마는 정신없이 붕어를 구워내요 은행나무 가로수에선 금전이 팔랑팔랑 날려요 구워도 구워도 붕어는 모자라요 좌판 위에 붕어는 안 모이고 바구니 속에 이율곡 선생님만 수북이 웃고 계시네요 허리 한 번 못 펴도 신이 나서 아줌마는 붕어를 만들기에 열중하고 손에 손에 이율곡 선생님을 모셔 안은 아이들의 줄서기는 계속되어요 요구르트 아줌마가 그 앞을 지나다가 걸음을 멈추네요 빈 박스 몇 개를 얹어 유모차를 밀고 가는 할머니를 큰 소리로 불러요 할머니 붕어빵 하나 잡숫고 가세요 제가 살게요 할머니 손을 끌고 줄을 섰더니 맨 앞에 줄 섰던 아이가 말하네요 아줌마 이리 오셔요 우린 하나도 안 바쁘니까 아줌마랑 할머니랑 먼저 드세요 붕어빵 아줌마가 문득 손을 멈추더니 활짝 웃어요 두 개씩만 드셔요 거저 드릴게요 폐품 수집 할머니도 요구르트 아줌마도 환자복 아이들도 벙글벙글 웃네요 소슬바람도 히죽히

죽 웃으며 잦아들어요 뜨거워 입속 다 데인 할머니의 틀니도 덜그럭덜그럭 어색하게 웃어요 요구르트 아줌마가 붕어 한 마리를 꿀꺽 삼키더니 주머니에서 하얀 면장갑을 꺼내 할머니 손에 쥐여주네요 이거 끼고 다니셔요 저는 가방에 하나 더 있으니 얼른 받으세요 날이 꽤 추워요 추워서 더 따스한 계절이에요

축복

담장 옆 두엄 더미 속엔
쥐며느리와 노래기와 지렁이들이 있어
두엄 더미는 남몰래 꿈틀거리고
겨울에도 모락모락 더운 김 피워 올리며
나쁜 냄새를 향기로 바꿔놓는 것일 거야
좋은 거름으로 발효되는 것일 거야

갈대밭 옆 갯벌 속엔
붉은발말똥게와 짱뚱어들이 살고 있어
갈대 뿌리를 살금살금 어루만지고
온갖 물새들 모여들어 만찬을 벌이기에
갯벌이 숨을 쉴 수 있는 것일 거야
아름다운 풍경을 만드는 것일 거야

내 마음속엔
별빛같이 영롱한 기억들과
달빛같이 그윽한 이가 숨어 살아
아지랑이 피어오른 봄날 꽃길 걷듯

아기에게 젖 물린 엄마의 고요한 웃음
얼굴 가득 피워 올릴 수 있는 것일 거야
힘들고 아픈 일도 견뎌낼 수 있는 것일 거야

초하의 산

꽃비 분분히 날리며
꿈결인 양 벚꽃의 시절은 갔다

흰 팔뚝 드러내고 걷는 산길
뻐꾸기 소리 아련하고
나무들이 피워내는 연록의 새잎 사이사이
은실 같은 햇살 눈부시다

잎맥 타고 흐르는 푸름의 정기
내 실핏줄 골골마다 스며든다

꽃에 홀려 갈팡질팡 나른하던 심신에
초하의 산은 초록 물 한 항아리를
통째로 내게 들이붓는다
싱그러운 네 웃음에 깃들어……

가을 숲에서 상수리를 만났을 때

어떤 이는 주워
아들 구슬치기하라고 선물하고

어떤 이는 주워 모았다가
입맛 잃은 시어른 묵 해드리고

어떤 이는
가던 길 멈추고서 잠시 쪼그리고 앉더니만
상수리 한 알
가만히 구경하고는 살며시 지나쳐
제 길을 간다

나무 위서 흘긋대던 다람쥐
쪼르르 달려 내려오는 모양을
짐짓
못 본 척 태연하게

첫눈

소국(小菊) 폭격 맞았다

짙은 향내 풍기던 가을은
밤사이 백기 들고

바싹 말라 툭툭 부러지는
감나무 가지 위
겨울의 전령인 그녀가
살포시 내려앉아 승전의 기쁨을 알린다

꽃비 분분히 흩날리던
녹음의 싱그러움 가득하던
향기로운 열매 익어가던
풍요의 뜨락을
이제는 비워야 한다고

채우기 위해서는
지우고 비울 줄도 알아야 한다고

가만가만 우리 마음 일깨우는

순백의 메시지

겨울 소묘

해마다 겨울이 다가오면
생태 한 마리 두부 한 모 사 들고
털실 가게 앞을 서성이곤 해

성큼 들어서지 못하고
그이 조끼는 어떤 색깔로 하는 것이 어울릴지
아이 목도리는 어떤 색깔로 하는 것이 예쁠지
가게 안을 기웃기웃 훔쳐보며 궁리하다가
결국엔 또 그냥 돌아오곤 해

며칠 망설이는 동안
날이 바짝 추워져 조바심 나서
그제야 문을 밀고 들어서는 가게 안
솜사탕처럼 달콤하게 부풀어 오른
갖가지 색 털실 뭉치들 눈웃음이 간지럽고
털실 가게 아주머니 은근한 재촉도 정겹고

커피 좋아하는 그이 조끼엔

브라운과 크림색을 혼합해 주고
사랑스러운 아이엔
밝은 병아리색 목도리를 짜야겠네

모두가 외출한 틈에
아무도 모르게
한 올 한 올 뜨개질을 하는 이 시간
그이와 아이가 따습기 전
내가 더 따스해지네

뜰에
함박눈 내려 소복이 쌓이는데

향기 택배

꽃놀이 한번 못 가고
업무에 바쁘신 분
혹은 직장을 얻지 못해 애태우시는 분

계절을 의식할 여유도 없이
병마와 씨름하는 환자분
혹은 사랑하는 이를 떠나보내 아프신 분

향기 택배 보내드립니다

사무실 창가에도 병실 창가에도
고운 봄 햇살에
어른어른 라일락 꽃그늘이 보내주는
달콤한 향기 택배

모두 힘내시라고
살랑 바람에 실려 공평하게 배달되는
향기 택배 한 아름

제4부

돌려줄까

푸석한 찬밥 돌려주면
촉촉하고 따끈해져 먹을 만하고
차돌같이 단단한 옥수수 씨앗도
팝콘이 되어 나오는 전자레인지

너의 냉랭함을 넣어 돌리면
돌덩이로 굳어버린 그 마음
팝콘처럼 녹신녹신해지려나
돌려줄까? 우리 사랑
촉촉하고 따끈해지게
굳어진 마음 한 켜
집어내어
돌려줄까?
후끈

잠시

저녁 숲에선
주연이던 나무와 풀들이
길에 자리를 내어준다
어스름에 흡수되어 고요히
엑스트라가 된다

굽이굽이 감도는 산길만이
공중으로 솟아올라
하얗게 도드라진다

사는 일에
번민의 숲 우거져
가던 길 잃을 때면
잠시 걸음을 멈추고
지그시 눈 감아본다

울울창창 무성한 생각들을
어둠 속에 살며시 밀어 넣으면

어느새 안으로 눈이 열리고
그 앞에 선연히 펼쳐지는 길

슴베

깊숙이 들어와 박힌
송곳같이 뾰족한 그것이 가슴을 찌른다
떨쳐내려 몸서리칠수록
심장을 관통하여 파고드는 아픔에 혼절하면
서있는 곳은 개울가 둔덕
머리칼을 감겨주며 주절거리던 개울물
두피를 간질이며 농을 걸던 송사리
물결 따라 흐르던 밤하늘의 은하수
들판 저편 둠벙가 개구리 울음 요란하던 그곳
한 그루 버드나무였다 나는
간드러지게 휘늘어져 물결 따라 잠시
흐른 적도 있었다 겉모양은 나긋하나
내면은 조밀하고 단단하였다
거부할 수 없는 손길에 다듬어져
깊숙한 곳에 너를 받아들인 후
낫자루로 거듭나게 되었다
고통으로 너를 품고서야 새 이름표를 달고
비로소 쓸모 있는 연장이 될 수 있었다

슴베, 너로 인하여

등꽃 나무 그늘

연보라의 꽃 폭포
시원스레 쏟아져 내려와
나른한 심신을 적셔주고

꽃송이 사이사이로
스며든 햇살이
옷자락에 어른어른
꽃 그림자 그려 넣는
등꽃 나무 그늘

등나무 줄기같이
얼키설키 자라난 그리움이
숭얼숭얼 등꽃으로 피어나면

그 진한 향기 휘감아
끌어 덮고서는
배냇저고리의 아이처럼
한잠 자고프다

하롱하롱 나비잠

어이

다랑논에서 피 뽑던 아버지
잠시 허리 펴시자
천안 닷새장 다녀오던 석순이 아버지
산모롱이 돌아드는 모습을
먼빛으로 보시고는
큰 소리로
어이!

논두렁에 가
두 분이서 두렁콩 포기 그늘에 두었던
막걸릿병을 앞에 놓고서는
주거니 받거니

아버지가
'빳빳한 배추 절일 때는 소금이 제격이고—'
하시니
석순이 아버지
'팍팍한 인생살이 맛깔나게 절이는 데는

요, 요, 막걸리 한 사발이 제격이지—'

거나해진 두 분의 합창
암만, 암만~!

광덕사에서

팔순 넘기신 어머니
천진한 웃음 연방 흘리신다
옥양목 앞치마 두르고
산나물 찾아 헤매던
스무 살 새색시로 되돌아간 것일까

평소 걸음이 빠르시던 아버지
뒷짐 지고 천천히 걸으신다
시냇물 소리가 좋다시며
여전히 송사리가 많다시며
감탄사 연발하시는
아버지의 결 고운 백발이 실바람에 살랑댄다

오백 살 된 호두나무
푸른 그늘 드리운 광덕사에서
조롱박 한가득 떠 마신 샘물엔
유년이 녹아있어
나는 풀빛 원피스 자락 나풀대는

단발머리 소녀가 된다

청랑한 바람이 지날 때마다
샘물은 도돌이표로 남실거리며
앳된 음표를 달아주고
홍이 솟아나는 내 미완의 노래
붉게 물든 서녘 하늘가에 메아리치다

은사시나무

중심이 불안해 한 번 흔들리기 시작하면
떨림이 계속되어 사시나무 떨듯 한다는 말이
세간에 떠돌게 되었다는 은사시
그녀는
은밀한 발끝 더듬이로 땅속 깊은 곳에 단단한
중심 하나 숨겨두고 산다

팔랑거리던 푸른 꿈 조각들
세월 속에 분분히 날아갔어도
슬퍼하지 않는다
겉치장 훌훌 벗어던지고
칼바람 몸 에이는 언덕배기에
희디흰 아름다움으로
서있는 은사시 그녀

잔바람에 살랑대도 폭풍에는 끄덕 않는
환한 햇살 속에 눈이 부시고
은은한 달빛 속에

몽환의 신비로 다가오는

은사시 그녀

호수

산모롱이 휘돌던 바람이 산벚꽃 향기를 묻혀 와
잔잔한 수면 위 라르고의 음계를 그리면

멀찍이 떨어져 있던 산 슬며시 다가와
업고 있던 나무와 풀포기를
그 음계 사이에 걸쳐두고

나무 위 둥지 풀숲 둥지 새들이 죄다 쏟아져 나와
그 음계를 물고 날아올라
물속의 하늘 속으로 숨어들고

꽃향기도 새의 노래도 결국
그 안에 다 담겼어라

그 위를
고요히 떠도는 조각배 하나

숲길을 걸으며

산비탈 오르는 이 길에
나의 나무 하나 심어야 하겠네
지나칠 때마다 풋풋한 향기 살랑 바람에 실어 보내는
나무 하나 가꿔야 하겠네

사는 일 고단하여 지칠 때면
찾아가 하소연하고 등 기대어 쉬기도 하며

새잎 돋고 꽃 피고 지는 일이며
바람이 나의 나무를 어떻게 만지고 지나가는지
비를 만나면 또 어떻게 인사하는지
주의 깊게 가만히 지켜보겠네

폭풍우 거세어도 끄떡없는
단단한 뿌리 더듬어보고
때 되면 훌훌 벗어던지고
맨몸으로 겨울을 견뎌내는
그 마음 배워야 하겠네

행남등대 오르는 길

해안 산책로 굽이돌다 파도에 뺨 맞았다
난간을 물어뜯으며 발밑 가로막는 컴컴한 바다는
짐승 울음소리를 낸다
날비린내를 풍긴다

어스름한 산등성이 꽃등 환히 밝힌 섬말나리
일 나간 어부 기다리는 아낙처럼
파도 응시한 눈길 애잔하고

깎아지른 바윗길 가파른 계단
오르고 또 올랐더니
일 나간 어미 아비 기다리는
섬 아기 얼굴 같은 해국이
초롱초롱한 눈망울로 지친 발목을 붙잡는다

해안 산책로 끝나는 곳 길은 산으로 이어지고
키 넘는 대나무숲 터널을 또 얼마나 걸었을까

어둑한 숲길 환히 열리며
천국으로 오르는 계단 끝에
어머니 인자한 미소인 양
오! 새하얀 등대 하나
눈이 부시다

꽃그늘 아래

열리지 않는 문 저쪽에 계신 그대
잘 있나요?
뜰 안 자목련 꽃송이가 벙글어
이제 곧 활짝 피어날 듯해요

꽃잎 하나 조심히 벗겨
몇 자 적어
꽃그늘 아래 살포시 놓아둡니다

이슥도록 뒤척이다가 잠깐 겉잠 든 때
바람 우체부가 다녀가겠지요

그대
편지 받아 읽으시며 행여
울지 마세요

어찌 되었든
문 이쪽은 온통 봄이랍니다

그대는

은은한 차의 향 김으로 피어올라
따스하게 감싸주는 그윽한 그대지만
내겐 아직 새벽 등산길의
차가운 안개비로 젖어드니
가슴 아리네요

견고한 성으로 든든하게 버텨주는
믿음직한 그대지만
내겐 아직 실낱같은 거미줄에 매달린
이슬방울같이 조심스러워
허망하게 깨질까
다가설 수 없네요
만질 수 없네요

그 숲의 그니

마음 허할 때
으레 그 숲으로 가
가만히 안아보는 갈참나무 한 그루

끌밋한 우듬지 올려다보며
가만가만 속내를 털어놓고는
배려심 깊은 그니 품에 잠시 깃들어 본다

그니는 짐짓 무심한 표정이지만
청량한 기운을
정겨운 느낌을 전해주기에
든든해진다 넉넉해진다
그니에게 가면

거울 앞에서

문득 거울을 보고 싶은 적이 있었던가, 당신
하루 혹은 한 해가 이울어질 무렵
어스름에 잠겨 희미해진 실루엣은
세월의 강물에도 젖지 않아
잡념에 사로잡히지 않아도 될 테니
한결 그윽해진 동굴 속 내면을
동그마니 비춰봄이 어떨까

문득 거울을 보고 싶은 적이 있었던가, 당신
하루 혹은 한 해를 시작할 무렵
동터오는 빛을 흡수하여
주름 속 백발 속 골골이 연륜 스미어
흐뭇한 모습으로 비춰지기를

종점까지 힘차고 아름다울 수 있도록
다독다독 과거와 미래를 응시해 본 적이 있었던가, 당
신
거울 앞에서

간격

그대와 나 사이의 길
적당한 그리움의 거리 유지될 수 있게
늘 빨강 신호등이 켜져 있기를

가로수 낙엽이 머리 위로 내리고
혹은 비에 함빡 젖고
눈 내린 날이면
제자리걸음으로 쌓인 눈 밟는 양
발을 동동 구르기도 하겠지
빌딩 위로 휘영청 달 구경하는 모습도
문득문득 지켜볼 수도 있을 테니

대로를 마주하고 서있자면 우리 사이로
갖가지 종류의 차들
제각기 다른 생각을 품은 사람들 태우고
강물에 휩쓸리듯 세월 따라 흘러갈 것이고

자정이 훨씬 지난 시각에서야

텅 빈 차도 저편에 마주 선 그대를

그제야 먼빛으로만
그윽이

드라이플라워

물길 가깝고 햇볕 잘 드는 데서
걱정 없이 자라나
환하게 꽃 피어난 그 순간
누군가의 손에 꺾여 와
철사 줄에 친친 감기어
누추한 단칸 셋방
닫힌 창문가에 거꾸로 매달리어
배배 말라가고 있는가
상처에서 흘러내린 아픈 수액
세월 속에 휘발되고
꽃빛마저 바랜 파리한 몰골 위
먼지 내려 쌓이고

순하게 꺾여준 게 죄여서
부당한 대우에도 대항할 엄두조차 못 내고
눈물 한 방울 누릴 자유도 없는가
물구나무 자세로 박제된 채
아무 대책 없이

사뭇 무덤덤한 표정의 그녀

바스러질 듯 위태롭다

능소화

타래 머리다
담벼락 위서 치렁치렁 늘어트린
진녹색 머리채에
눈부셔라
화려한 그 꽃핀 장식

꽃 폭포다
얼음장 같은 물에 치솟는
그 정염 씻어내며
아래로
아래로
쏟아져 내리는

대견해라
가장 아름다운 순간
자신을 내려놓아
지나는 이의 발아래
보시(布施)되는 그 육신(肉身)

시인의 산문

물기에 대하여

아름다운 초록별인 지구에 만약 물기가 없었다면 아무런 생물도 살 수 없는 한갓 무명의 행성에 불과했을 것이다. 또한 약 1,500만 종의 생물이 공존하는 이 지구에도 유독 물기 메마른 사막이 있다. 그곳에서 살아가는 생물들에게 물기는 더없이 소중하고 간절한 것일 테다.

삶의 길에서 사막을 헤매던 시절, 물기로 다가와 나에게 생기와 희망을 불어넣어 준 게 시였다. 딸을 잃은 슬픔에 삶의 용기마저 사라져 버렸을 때, 나를 두고 군에 입대하게 된 아들이 블로그를 소개하며 취미를 붙여보라 하였다. 내가 문학을 좋아하여 학창 시절에 문예부 활동을 했던 일을 알고 있어서일 것이다. 블로그에 글을 쓰고, 여러 문인의 블로그를 드나들며 시를 읽고, 위로를 받게 되었고 결국은 폭 빠져들게 되었다. 척박한 삶의 길에 촉촉한 물기가 되어 삶의 용기를 불어넣어 주는 시를 써보고 싶은 열망을 품게 되었다.

늦었지만 체계적으로 시를 공부해 보고 싶어 집 가까이 있는 대학의 교육원에서 시 창작 과정을 이수하였다. 문학지의 수필 신인상에 이어 시 부문 신인상을 받은 후, 십여 년간 여러 시 전문지에 시를 발표했다. 블로그에 올린 나의 수필을 접한 대기업 사보 편집자로부터 원고 청탁을 받아 다수의 수필을 발표하며 수필가로도 활동하였다. 삶의 용기마저 잃었던 시절, 아들로 인하여 나는 '시'라는 물기로 생기를 되찾아 다시 살아날 수 있었다.

잡힐 듯 가까워 보이지만
다가서면 까마득히 멀어지는 섬
태초의 신을 신고 걸어 들어간 그곳
나미브 사막 저 멀리 신기루가 섬을 띄운다

바람에 불려 저만치 달아나는
붉은빛 모래 바다에 새겨지는 물결무늬
문장들을 미처 한 줄 읽기도 전에
광풍은 또 다른 언어를 새겼다가 지워버린다
푸른 별 사각지대 건조의 대명사인 이곳에도
물의 미세한 입자를 끌어당겨

어렵사리 생명을 이어가는 잡풀이 있고
기약 없는 황무지에도 푸름을 지탱하는 나무가 있다
우기를 기회로 사막은
일시에 초원이 되기도 하는 것이다

주인에게 버려진 병든 낙타처럼
붉은 모래 바다를 방황하던 시절
광풍이 세우고 간 언덕 끝에 네가 보였고
그 동공에 어린 미세한 물의 입자 하나가
나의 가슴 깊숙한 곳으로 확 빨려들어 와
확실한 에너지가 되었던 것이니
그 작은 물기로 하여
나는 환하게 꽃필 수 있었던 것이니

—「물기」 전문

메마르고 삭막한 사막을 일시에 초원이 되게도 하는 물기.

물기는 삶의 근원이고 에너지고 희망이다. 한없이 부족하고 부끄러운 이 시집 속의 시 한 편이나마 누군가에게라도 촉촉한 물기가 되어줄 수 있으면 하는 간절한 바람을 가져 본다.

물기

2026년 1월 20일 초판 1쇄 펴냄

지은이 _ 유영옥
펴낸이 _ 양문규
펴낸곳 _ 詩와에세이

신고번호 _ 제2017-000025호
주 소 _ (30021)세종특별자치시 조치원읍 충현로 159, 상가동 107-1호
대표전화 _ (044)863-7652
팩시밀리 _ 0505-116-7653
휴대전화 _ 010-5355-7565
전자우편 _ sie2005@naver.com
공 급 처 _ 한국출판협동조합
주문전화 _ (02)716-5616
팩시밀리 _ (031)944-8234~6

ISBN 979-11-24212-02-8 (03810)